SOCIÉTÉ FRANÇAISE

De secours aux Blessés militaires des Armées de terre et de mer

DISCOURS

PRONONCÉ

Au Service Funèbre célébré pour les victimes de la Guerre

EN L'ÉGLISE MÉTROPOLITAINE DE TOURS

LE 26 NOVEMBRE 1888

PAR

M. L'Abbé CHEVALIER

VICAIRE GÉNÉRAL DU DIOCÈSE DE BLOIS

TOURS

IMPRIMERIE DESLIS FRÈRES

6, RUE GAMBETTA, 6

1888

*Sancta et salubris est cogitatio
pro defunctis exorare, ut à peccatis
solvantur.*

C'est une sainte, c'est une salutaire
pensée de prier pour les morts, afin
qu'ils soient purifiés de leurs péchés.

(II MACH. XII, 48.)

MONSEIGNEUR (1),

Je ne saurais trouver pour abriter la pauvreté de
ma parole un texte plus substantiel, plus opportun
emprunté à la parole de Dieu. Il dit d'un seul mot,
mieux que je n'aurais su le faire et avec une autorité
infiniment supérieure, et le caractère auguste de la
cérémonie à laquelle nous assistons en ce moment, et
les enseignements qui s'en dégagent. Il justifie à lui
seul la consécration que la présence de Votre Grandeur lui apporte, et le couronnement qu'en faisant l'ab-
soute solennelle vous-même, vous allez lui donner tout
à l'heure.

Oui, Mesdames et vous Messieurs membres de la
Société de la Croix-Rouge, la démarche que vous
faites ce matin est *sainte*, elle mérite notre admiration

---

(1) Mgr Meignan, archevêque de Tours.

et nos éloges : *Sancta cogitatio ;* elle est *salutaire,* elle provoque et consacre nos espérances : *Salutaris cogitatio pro defunctis exorare.*

I

C'est une *sainte* pensée de prier pour les morts. La sainteté n'est autre chose que la conformité de l'homme avec Dieu la sainteté même : *Sancti estote quia et ego Sanctus sum* (1). C'est la réalisation de la parole des jours de la création : « Faisons l'homme à notre image et à notre ressemblance (2). » Or la Sainteté de Dieu consiste surtout dans sa bonté. S'il est permis à l'homme de distinguer entre les attributs de Dieu, bien qu'il soit un acte très pur, il faut dire que l'attribut essentiel, central, c'est sa bonté : *Deus charitas est* (3). S'il est juste, disait excellemment Tertullien, c'est que nous le forçons par nos péchés à l'être, mais c'est de lui-même qu'il est bon : *de suo bonus, de nostro justus.*

L'homme sera donc saint, quand il sera bon, charitable comme Dieu. C'était ce que ce Dieu créateur prétendait, quand il disait au commencement du monde : Faisons l'homme à notre image et à notre ressemblance. Écoutez le sublime commentaire de Bossuet : « Lorsque Dieu forma le cœur et les en-

(1) Levit. XI, 44.
(2) Genes. I, 26.
(3) I Joan. IV, 16.

trailles de l'homme, il y mit premièrement la bonté, comme le propre caractère de la nature divine, et pour être comme la marque de cette main bienfaisante dont nous sortons. La bonté devait donc faire comme le fond de notre cœur, et devait être en même temps le premier attrait que nous aurions en nous-mêmes pour gagner les autres hommes (1). »

Toutefois, pour être l'image fidèle de la bonté divine, la bonté de l'homme doit s'associer à ses prédilections et mettre un ordre dans sa charité : *Ordinavit in me charitatem* (2), dit l'épouse des cantiques. — Si Dieu ne hait rien de ce qu'il a créé : *Nihil odisti, eorum quæ fecisti* (3), il n'y a qu'une seule catégorie d'êtres dont il soit écrit qu'Il les aime : ce sont les âmes : *qui amas animas* (4). Les âmes ! ah ! qu'Il les a aimées. De toute éternité : *In charitate perpetua dilexiste, ideo attraxi te miserans* (5). Il les a tellement aimées, que lorsqu'elles furent déchues, il n'hésita pas à détacher de son cœur son Fils unique et à l'envoyer sur la terre : *Sic Deus dilexit mundum ut Filium suum Unigenitum daret* (6). Et parce qu'elles avaient besoin d'être rachetées, Il le sacrifia pour elles : *Dilexit et tradidit semetipsum pro nobis* (7).

Ainsi de l'homme, s'il veut être le fidèle imitateur de Dieu : *In hoc manifesti sunt filii Dei et filii dia-*

(1) Oraison funèbre du prince de Condé.
(2) Cant. II, 4.
(3) Sap. XI, 25.
(4) Sap., XI, 27.
(5) Jérém., XXXI, 3.
(6) Jean, III, 16.
(7) Eph., V, 2.

boli. Non est ex Deo qui non diligit fratrem suum (1) : et, dans ses frères, surtout leurs âmes, cette portion d'eux-mêmes qui est plus excellente et qui doit demeurer toujours.

C'est ainsi qu'a aimé avec son cœur humain ce Dieu, quand il s'est fait homme pour nous donner l'exemple.

Il a aimé avant tout, les âmes. Vivant sous un ciel délicieux, au sein des magnificences de la nature orientale, il semble n'avoir pas de regard pour elle. Un seul spectacle attire son attention, et (chose plus étrange encore !) provoque son admiration : ce sont les âmes. Lui qui voit sans cesse la face de son Père qui est dans le ciel, il s'étonne de la foi du centurion de Capharnaüm (2). *Audiens Jesus miratus est, et dixit : non inveni tantam fidem in Israel,* et de celle de la Chananéenne : « *O mulier, magna est fides tua* (3).

Sans doute, il a été bien bon pour les corps : *transiit benefaciendo et sanando omnes* (4). Mais, il ne faisait du bien aux corps que pour arriver aux âmes, les guérissant toujours de leurs blessures, en même temps que des maux physiques qui les attiraient à lui. Il aimait l'homme tout entier, mais il l'aimait dans l'ordre, c'est-à-dire en donnant la part principale de sa tendresse aux âmes. C'est le sens de cette belle pa-

(1) Jean, III, 10.
(2) Matt., VIII, 10.
(3) Matt., XV, 28.
(4) Act., X, 38.

role de l'Apôtre : *Benignitas et humanitas* (φιλανθρωπεια dans le texte original) *apparuit Salvatoris nostri Dei*(1).

Né pensez pas toutefois que les tendresses du Cœur de Jésus pour les âmes leur fussent départies dans la même mesure. Non, ici encore, il a mis de l'ordre dans sa dilection : 1° S'il a beaucoup aimé les pécheurs : *Veni salvare quod perierat*, il a eu des prédilections pour les âmes *informées elles-mêmes par la charité*. L'amour, en effet, dont il prétend aimer l'homme, est un amour d'*amitié*, qui suppose la correspondance. Rappelez-vous ses prédilections pour Lazare, Marthe et Marie qui l'aimaient tant, qui étaient si heureux de lui donner asile, quand il était repoussé de Jérusalem, — pour saint Jean : *Discipulus ille quem diligebat Jesus* (2), à cause de la prérogative de la virginité, — pour ce jeune homme qui vint le trouver pour lui demander ce qu'il devait faire pour obtenir la vie éternelle, et qui, à la réponse de Notre-Seigneur : il faut aimer Dieu et son prochain, se contenta de dire: J'ai fait ces choses dès mon enfance. Jésus habituellement les yeux baissés modestement, les relève, il veut le connaître de sa science expérimentale : l'ayant vu, incontinent il l'aima : *Jesus autem intuitus eum dilexit illum* (3).

2° Une seconde cause de ses prédilections, c'est *la souffrance: Noli flere* (4), dit-il, à la pauvre veuve, mère du mort de Naïm, vos larmes me vont au cœur.

(1) Tit., III, 4.
(2) Jean, XVI, 7.
(3) Marc. X, 21.
(4) Luc VII, 13.

Du haut du mont des Oliviers, il contemple le temple d'Hérode revêtu de lames d'or qui scintillent au soleil, et Jérusalem qui s'étend à ses pieds. Indifférent à toutes ces splendeurs, il se prend à pleurer sur le malheur des âmes : Jérusalem, Jérusalem qui mets à mort tes prophètes, que de fois j'ai voulu te rappeler à moi, comme la poule rassemble ses poussins sous ses ailes, et tu ne l'a pas voulu ! Et voici que tes ennemis viendront, et ils t'environneront de tranchées (1).

3° Mais, c'est surtout quand *ces deux caractères de la charité et de la douleur* viennent, comme une double auréole, enceindre une âme, que les prédilections de Jésus sont plus marquées. — Lazare déjà aimé tombe malade : *Ecce quem amas infirmatur* (2), lui envoient dire ses sœurs. Il le laisse mourir pour avoir occasion de mieux manifester son amour. Et quand, arrivé à Béthanie, il le trouve mort, quand il est en face de la grotte funèbre, il se trouble lui-même. Il verse de grosses larmes, et les Juifs de dire : *Ecce quomodo amabat!*

C'est cette charité du Dieu fait homme dont vous êtes les parfaits imitateurs, membres de la Société vraiment chrétienne de la Croix-Rouge.

a) Vous trahissez, aujourd'hui même, l'esprit qui vous anime. Vous aimez les corps, mais vous *aimez plus encore les âmes.* Que dis-je ! Comme Jésus, vous aimez les corps et vous leur faites du bien, surtout pour arriver aux âmes. Dieu me commande de vous

(1) Luc XIX, 41.
(2) Joan. XI, 3.

dire que c'est bien : *Dicite justo quoniam bene* (1).
Si les œuvres philanthropiques sont respectables parce
qu'il ne faut rien haïr de ce qui a été créé, elles sont
surtout dignes d'éloges les sociétés qui, s'inspirant
aux sources de la foi, étendent leur sollicitude jusqu'aux âmes. — Au reste, qu'on se rassure, les corps
n'y perdront rien. Associés à l'âme, leur forme sub-
stantielle et leur principe vital, à l'âme baptisée sœur
du Fils de Dieu par nature, ils trouvent dans cette
union un accroissement de dignité qui inspire au chrétien des élans de dévouement incomparable. Leurs
membres ne sont plus des membres purement maté-
riels, ils deviennent comme le prolongement du corps
du Sauveur lui-même, ces augments divins dont parle
l'Apôtre : *Crescit in augmentum Dei* (2). Quelle supé-
riorité de visée et, par suite, d'action ! Aussi, la mort
qui opère des séparations impitoyables : *Siccine separat
amara mors* (3), la mort n'a pu entraver votre activité, et votre charité, forte comme la mort, parce qu'elle
est surnaturelle, franchit ce matin les abîmes qu'elle a
creusés, pour continuer l'exercice de son dévouement
sur les âmes de vos chers soldats, les enfants de votre
adoption : *Fortis ut mors dilectio* (4).

b) Et voyez comme vous poussez jusqu'à la perfec-
tion l'imitation de la charité du cœur de Jésus. Vos
prédilections, comme les siennes, sont ce matin pour
les âmes *conformées dans son amour et visitées par*

(1) Is. III, 10.
(2) Colos. II, 19.
(3) I Reg.-XV, 32.
(4) Cant. VIII, 6.

la douleur. Ne sont-ce pas là les deux caractères qui distinguent les âmes du purgatoire ?.....

J'avais donc raison de le dire : Vous faites acte aujourd'hui de bonté divine, partant de sainteté, en priant pour vos morts : *Sancta cogitatio pro defunctis exorare.*

II

Salubris cogitatio. C'est aussi une pensée salutaire. L'existence de votre Société et l'acte que votre foi lui inspire en ce moment, chrétiens, ne sont pas seulement de nature à exciter notre admiration, ils sont propres, en ces jours si troublés, à réveiller nos espérances.

Les âmes pour lesquelles vous venez prier, officiellement, ce matin, sont les âmes des victimes de notre longue guerre de la défense nationale ou de celles tombées dans les expéditions coloniales qui l'ont suivie. J'ose le dire : travailler et prier pour les unes et les autres est un fondement de légitime *espérance*, parce que c'est l'accomplissement d'un acte de stricte justice.

1° Parlons d'abord des victimes de la *longue guerre soutenue pour la défense de notre sol.* Qu'ai-je dit ? N'est-il pas inopportun et cruel de raviver devant vous des souvenirs douloureux déjà trop présents à vos mémoires et à vos cœurs qu'ils oppressent ? Comment, en effet, pourrions-nous oublier ces longs mois d'angoisses, les péripéties de ces drames sanglants qui se jouaient autour de nous, et dont l'enjeu était l'honneur et l'intégrité de la France ; les échos de ces luttes opiniâtres que le vent nous apportait chaque jour, sans que la nuit elle-même vint parfois les interrompre ; ce cercle de fer qui, nous enserrant, se rétrécissait toujours davantage ; ces bataillons rompus ou refoulés opérant sous nos yeux une retraite précipitée ; les vainqueurs enfin faisant leur entrée dans nos murs, au son d'une musique insultante ? Puis le silence qui se fit autour de nous : qu'était devenue la fortune de la France ?

Non, il n'est pas inopportun d'évoquer ces souvenirs. Ils sont pleins d'enseignements précieux pour la conduite de notre vie. Rappelés dans le temple saint, sous le regard de Dieu, ces cruels événements prennent un aspect moins sombre. La prière, en nous mettant en communication avec le ciel, nous permet d'embrasser d'un regard le plan divin. Voyez, à sa lumière, les précieuses vérités qui se dégagent pour nous de ces faits douloureux. La première, c'est que le péché rend les peuples malheureux, suivant l'oracle du Saint-Esprit (1). Vit-on jamais une série de désastres portant plus visiblement l'empreinte de la justice divine ? Nous étions bien coupables pour avoir été châtiés si rudement. — Mais, voici une deuxième vérité plus consolante : à côté des éclairs de la justice

(1) Prov. XIV, 34.

qui brillent, précurseurs de la foudre, l'arc-en-ciel de
la miséricorde se dessine à nos regards. Elle est donc
vraie la parole du prophète : « Quand Dieu se met en
colère, il se souvient de sa miséricorde (1). » Cherchez bien : au milieu de ces désastres accumulés, au
milieu des irrécusables témoignages d'une profonde
décadence morale, de tant de défaillances, de lâches
cupidités, d'ambitions égoïstes, de spéculations
honteuses sur la misère générale, ne voyez-vous pas
resplendir des signes de restauration et de salut ? Il y
a du sang répandu. Sans doute, puisque la loi a été
portée : « Sans effusion de sang pas de rémission
de péchés (2), et nous en avions tant à expier ! Mais
que ce sang semble propre à l'apaisement de la colère
divine ! Que de morts héroïques sur le champ de
bataille, affrontées et subies dans la simplicité de
cœurs dévoués sans partage au devoir ! Que de tou-
chants exemples de résignation à la volonté de Dieu
sur les lits de l'agonie, en face d'opérations terribles!
Que d'actes de patience jetés dans le plateau de la
miséricorde, pour le faire pencher en faveur de la
nation coupable !

Vous étiez là, vaillants membres de la Société de
la Croix-Rouge, vous aviez votre part dans ces actes
de l'expiation. Vous y étiez dans la personne de ces
médecins dévoués ; de ces brancardiers intrépides
sons le feu de l'ennemi, dans la personne de ces
femmmes habituées à toutes les délicatesses du luxe,

(1) Hebr. III, 2.
(2) Hebr. IX, 22.

et se constituant infirmières des blessés ou des malades.
Il y avait peu de mois, peu de jours peut-être que ces
jeunes gens avaient été arrachés aux chaudes étreintes
de la famille, et déjà les ombres glacées de la mort
planaient au-dessus de leur couche déserte ; leur
regard égaré cherchait encore dans cette pénombre
qui précède la grande lumière de l'éternité ces êtres
chéris laissés au foyer paternel : une mère, une sœur
tendrement aimées. Et voici qu'ils voyaient venir à eux
des femmes qu'ils n'avaient jamais connues, et qui se
faisaient leurs sœurs, leurs mères, pansant leurs plaies
horribles, et ranimant leur courage en leur parlant du
ciel. Elles ne pouvaient pas porter les armes, disaient-
elles (j'ai entendu ce cri de leur cœur), qu'au moins
on leur permit de prier et de se dévouer. C'était toute
leur ambition. Noble ambition que celle-là ! Alors surtout que tant d'hommes (comme si ce n'était pas assez
des ennemis pour se partager les lambeaux de la
France) se ruaient à la curée des places, et se servaient
de nos ruines comme d'un pavois pour se hisser au
pouvoir. « La vraie charité n'est pas ambitieuse, elle
ne cherche pas ses intérêts personnels : « *Caritas non
est ambitiosa non quœrit quœ sua sunt* » (1).

De si beaux dévouements furent couronnés des plus
consolants résultats. Vous n'étiez pas de cette race
ennemie du prêtre, parce qu'elle est ennemie des
âmes, de cette race alors cachée dans l'ombre des
loges et apparue depuis au grand jour, qui éloigne le

(1) I Cor. XIII, 3.

prêtre du chevet des mourants, qui marchande à nos soldats les aumôniers pour relever et purifier leurs âmes quand eux ils donnent, sans compter, à la patrie le sang de leurs corps. Grâce à vous qui, comme Dieu, aimiez les âmes, quelle voie facile ouverte devant le prêtre, que de conversions inespérées, que de transfigurations dans la mort, sous ce rayonnement de votre charité : *Nos credidimus caritàti* (1) !

Eh bien ! Voici un *premier motif d'espérance* pour nous. Le dévouement personnifié dans votre Société à ces chères victimes immolées pour l'expiation de nos fautes constituait un acte de haute *justice*, puisqu'elles étaient les otages de notre rançon. Or, si le péché rend les peuples malheureux, la justice les relève : *Justitia elevat gentes* (2).

2° Depuis ce temps vous n'avez pas fait trève un seul instant à l'exercice de ce dévouement, principe pour le pays entier d'une légitime espérance. La guerre a vu lui succéder la paix (paix armée, il est vrai, paix boîteuse, paix mal assise) entre les peuples de l'Europe, mais sans doute parce que nos iniquités n'ont point suspendu leur cours, ce grand justicier de Dieu n'a pas suspendu ses rigueurs. La guerre a transporté le théâtre de son expiation au loin, sur la terre d'Afrique, aux extrémités de l'Orient ; elle sévit toujours, elle continue à dévorer nos trésors, à boire le meilleur de notre sang. Cette fois encore nos soldats

(1) I Joan. IV, 16.
(2) Proverb. XIV, 34.

servent une noble cause, et leur venir en aide est un acte de *justice*, partant un motif d'espérance.

Je le sais, je me trouve ici en désaccord avec des hommes honorables à tous égards, dont il n'est permis de suspecter ni le patriotisme, ni le dévouement à l'Église. Ces hommes blâment ouvertement ces expéditions lointaines entreprises, disent-ils, pour des motifs peu honorables et mollement conduites. Je n'ai point à discuter ces points de détail, élevez-vous avec moi, chrétiens, vers la région sereine des principes. N'est-il pas vrai qu'il n'y a pas de but plus noble, en même temps que de devoir plus sacré, pour l'activité d'un peuple civilisé, d'un peuple catholique surtout, que de répandre au loin, dans la mesure de ses forces le flambeau de la foi et les biens supérieurs de la morale évangélique? Térence excitait les applaudissements de tous les spectateurs, quand il mettait sur les lèvres d'un de ses acteurs cette noble parole : *Homo sum et nil humani a me alienum puto.* Je suis homme, et rien de ce qui est humain ne m'est étranger.

Comment un peuple chrétien la devra-t-il accueillir, cette parole, lui qui sait que, depuis l'Incarnation, l'humanité entière est appelée à faire partie du corps mystique du Sauveur ?

Et c'est pour la France que vous feriez une exception ? A l'heure où les nations protestantes se préoccupent à l'envi de fonder des colonies prospères, la France, catholique par tempérament, la France essentiellement faite pour l'apostolat, serait la seule à s'en désintéresser ? Ah ! trop souvent depuis un siècle elle

a pratiqué l'apostolat du mal pour avoir le droit aujourd'hui de se récuser quand il s'agit de l'apostolat
du bien. — Mais elle est couverte de ruines, elle est
mutilée, appauvrie ; avant tout elle a besoin de se re-
cueillir. —. Que parlez-vous de ruines ? Ici surtout
intervient la *justice*, cette justice qui relève les nations. Le moyen infaillible de relever nos ruines, ce
serait d'exercer à l'intérieur un contrôle sévère sur
nos dépenses d'hommes et d'argent; pas de gaspil-
lages dans les finances qui accroissent notre dette,
pas d'immoralité au foyer de la famille ou dans la rue
qui tue les corps; après cela prodiguer au dehors cet
or et ces vies humaines, mais pour une noble cause,
pour rendre à Dieu et à l'Église ces peuples qu'ils
réclament. Cause restauratrice que celle-là : Cherchez,
avant tout, le règne de Dieu *et sa justice*, le reste
vous sera donné par surcroît (1).

Il faut le dire à votre honneur, Messieurs et Mesdames, vous n'avez jamais cessé d'avoir l'intelligence
de ce programme éminemment chrétien. De là cette
sollicitude qui ne s'est pas lassée, et qui vous fait envoyer chaque jour à nos héroïques soldats employés
à soutenir les expéditions coloniales mille soulagements
destinés à combattre les maladies qui les déciment, et
à fermer leurs blessures. C'est ainsi que vous vous pré-
parez par vos exercices ininterrompus de la charité
aux grandes luttes que. demain peut-être, une guerre
générale imposera à votre patriotisme.

(1) Luc XII, 31.

Et comment ne pas saluer, en passant, les deux représentants accomplis de ce dévouement charitable parmi vous, dont vous pleurez la perte récente : l'un gentilhomme dans toute l'acception du mot (1), réalisant pleinement le dernier trait du tableau de la bonté, telle que Dieu l'avait rêvée pour l'homme, tableau tracé par le génie de Bossuet : « La bonté devait donc faire comme le fond de notre cœur, et devait être en même temps le premier attrait que nous aurions en nous-mêmes pour gagner les autres hommes. La grandeur qui vient par-dessus, loin d'affaiblir la bonté, n'est faite que pour l'aider à se communiquer davantage, comme une fontaine publique qu'on élève pour la répandre. »

L'autre, médecin (2) dévoué enlevé en plein développement de l'âge et du talent par une maladie contagieuse contractée au chevet de saintes religieuses, victimes vouées par leur vocation aux rigueurs de la justice divine. C'est de la sorte qu'à votre école on pratique l'oubli de soi. Gardez ces nobles traditions, imitez ces grands exemples ; du fond de leur tombe vos morts vous parlent encore de dévouement et d'esprit de sacrifice : *defunctus adhuc loquitur*.

Est-il téméraire, encore une fois, de chercher dans cette attitude *persévérante* de votre société un nouveau motif d'espérance ? Un premier élan vers le sacrifice est facile, il s'explique par l'enthousiasme du premier

(1) M. le vicomte Arthur de Marsay.
(2) M. le Dʳ Charcellay.
(3) Hebr. XI 4.

instant, la continuité dans le sacrifice est le propre des
âmes viriles. Certes, à l'heure du règne d'un égoïsme
malhonnête qui rappelle les époques les plus abaissées
de la décadence païenne, voici des générosités dignes
des plus beaux temps du christianisme. Un peuple, au
sein duquel des œuvres telles que la vôtre trouvent
faveur et une faveur durable, ne peut être irrémédia-
blement condamné à périr.

Mais ce qui met le comble aux espérances dont
votre œuvre nous envoie le doux rayonnement, à tra-
vers les tristesses de l'heure présente, c'est le grand
acte qu'elle accomplit ce matin.

La *prière publique, solennelle, sociale* est salutaire :
Salubris est cogitatio exorare. Si le signe le plus
inquiétant pour l'avenir de notre pays est la cessation
de la prière sociale, la conspiration officielle du silence
envers Dieu, chez nous, peuple catholique et en face de
nations infidèles ou hérétiques qui ont constamment
son nom sur les lèvres, le signe le plus consolant est
l'affirmation collective de ce grand devoir. Ce signe,
vous l'offrez à nos regards en ce mement. Soyez-en
bénis! Si la cité du mal grandit au milieu de nous,
cette cité née de l'amour de soi jusqu'à l'oubli de Dieu,
qu'il est consolant de constater à côté d'elle l'existence
de la cité de Dieu, ferme dans sa consécration à l'a-
mour de Dieu jusqu'à l'oubli de soi !

Elle est surtout salutaire la prière *pour les morts,*
telle que vous la pratiquez : *Salubris cogitatio pro
defunctis exorare.* Car ce ne sont pas des morts ordi-
naires, ce sont les otages de notre rançon. Une

fois par an, le grand prêtre entrait dans le Saint
des Saints portant dans ses mains le sang fumant des
victimes. C'était la figure de notre Grand Prêtre Jésus
pénétrant dans le ciel pour y plaider notre cause par
la voix de son sang et nous y introduire après Lui.
Ce n'est pas assez : tout le long des âges, il y aura des
hommes chargés d'« achever dans leur chair ce qui
manque à la Passion du Sauveur pour l'extension de
son corps mystique qui est l'Église (1) ; » ceux que
nous pleurons aujourd'hui sont de ce nombre. Ils ont
été choisis par la justice de Dieu pour expier nos péchés : ils ont répondu à cet appel austère. Que leur
reste-t-il, si ce n'est de plaider, comme le Sauveur,
notre cause par la voix de leur sang. Mais les restes
de leurs dettes personnelles les retenaient peut-être
encore loin de Dieu, nous sommes venus ici pour travailler à les affranchir. Et les voici qui se présentent
devant le trône de Dieu, portant dans leurs mains le
sang qu'ils ont littéralement versé pour notre rançon.
Entendez leur prière, Jean le Bien Aimé va vous la re-
dire : « Jusques à quand, Seigneur qui êtes saint, qui
êtes vrai, tarderez-vous de juger notre cause et de
venger notre sang ? » Rassurez-vous, il ne s'agit
pas de vengeance de colère, comme celui du Sauveur,
leur sang parle un meilleur langage que celui d'Abel :
il ne demande pas justice, il implore notre pardon. Oh!
puisse leur prière être entendue. Que la France, pour
laquelle ils ont tant souffert, la France « déchue de

---

(1) Coloss. I, 14.

son âme » se relève ; qu'elle retienne sa foi des anciens jours et avec sa foi l'union de ses enfants si profondément divisés par l'erreur ! Qu'elle ressaisisse dans ses mains généreuses l'épée de Clovis, de Charlemagne et de Saint-Louis ! Qu'elle recommence à faire les œuvres de Dieu par le monde : *Gesta Dei per Francos !* Dieu nous en donne le gage avec la bénédiction de Monseigneur !

Ainsi soit-il.